AF107298

www.ingramcontent.com/pod-product-compliance
Lightning Source LLC
LaVergne TN
LVHW010335070526
838199LV00065B/5749
9789369082506

آفتابِ تازہ

(مجموعہ کلام)

ڈاکٹر نیاز سلطان پوری

© Dr. Niyaz Sultanpuri

Aaftaab-e-Taaza *(Poetry Collection)*

by: Dr. Niyaz Sultanpuri
Edition: March '2025
Publisher :
Taemeer Publications LLC (Michigan, USA / Hyderabad, India)

ISBN 978-93-6908-250-6

مصنف یاناشر کی پیشگی اجازت کے بغیر اس کتاب کا کوئی بھی حصہ کسی بھی شکل میں بشمول ویب سائٹ پر اَپ لوڈنگ کے لیے استعمال نہ کیا جائے۔ نیز اس کتاب پر کسی بھی قسم کے تنازع کو نمٹانے کا اختیار صرف حیدرآباد (تلنگانہ) کی عدلیہ کو ہوگا۔

© ڈاکٹر نیاز سلطان پوری

کتاب	:	**آفتابِ تازہ** (مجموعہ کلام)
مصنف	:	**ڈاکٹر نیاز سلطان پوری**
صنف	:	شاعری
ناشر	:	تعمیر پبلی کیشنز (حیدرآباد، انڈیا)
سالِ اشاعت	:	۲۰۲۵ء
صفحات	:	۱۴۴
سرورق ڈیزائن	:	تعمیر ویب ڈیزائن

انتساب

مجاہدِ اردو ڈاکٹر خلیق انجم کے نام

"شبنم از فیضِ نگاہِ او گہر"

بسم اللہ الرحمن الرحیم

وَقُل لَّهُمْ فِى أَنفُسِهِم قَولاً بَلِيغًا (٦٣)

اور ایسی بات کہو جو بلیغ ہو۔

(القرآن۔ سورۃ النساء۔ ٦٣)

ترتیب

نمبر شمار	مضمون
	پیش لفظ
۱	حمد پاک
۲	نازشِ کون و مکاں
۳	عالمِ شش جہات میں
۴	حضرت عیسیٰ مسیح علیہ السلام
۵	شمعِ فروزاں
۶	در شان حضرت علی کرم اللہ وجہہ رضی اللہ تعالی عنہ
	نظمیں
۷	نذرِ سرسید
۸	اقبالؔ
۹	شہر نو

۱۰	اہرمن
۱۱	جشنِ آزادی
۱۲	جشنِ جمہوریت
۱۳	اہالیانِ وطن کے نام
۱۴	اردو
۱۵	مزدور
۱۶	پیٹ
۱۷	دعا
۱۸	نفرت
۱۹	مرثیہ
۲۰	ندرتِ فکر و عمل
۲۱	قلم
۲۲	شاعرِ گمنام
۲۳	بادۂ مشرق
۲۴	نغمۂ وطن

۲۵ موت العالِم موت العالَم

۲۶ احمد جمال پاشا کے نام

۲۷ حادثہ

۲۸ موسم خزاں

غزلیں

۱ ہم اپنے زہد و تقویٰ کی تشہیر نہیں کرتے بابا

۲ جو زمیں کا وردِ عطا کیا تو سمندروں کا قرار دے

۳ وہ نقدِ جان اور وہ بازار کیا ہوئے

۴ کیسے کیسے پھول سے چہرے زرد ہوئے

۵ لحظہ لحظہ خانۂ دل کو زخموں سے آباد کروں

۶ کہیں تو کس سے کہیں حرفِ مدعا دل کا

۷ جس بات کا خدشہ تھا وہی بات ہوئی نا

۸ کچھ اس طرح ڈسا مجھے قسمت کے سانپ نے

۹ پھیلا ہوا ہے عشق کا آزار ان دنوں

۱۰ وہی دور سازشوں کا وہی آن بان شاہی

11	وہی آنسوؤں کا موسم وہی ہجر کا زمانہ
12	کب زخم میرے دل پر نہ لگا کب آنکھ مری نم نہ ہوئی
13	دل دادگانِ شہرِ ستم گر ہمیں تو ہیں
14	دوست دشمن ہو گئے اپنے بیگانے ہو گئے
15	یادوں کی تری جس دم چلنے لگی پروائی
16	نہ مدرسہ میں نہ صوفی کی خانقاہ میں ہے
17	پہلے تو اتنی بھیڑ کبھی تھی نہ شہر میں
18	سرِ میں آنکھوں کا پانی سر کی چادر لے گیا
19	یہی نہیں وہ مجھے خاک میں ملا دے گا
20	نئے نشاط کی پرلطف صحبتیں بھی گئیں
21	مدد انہیں کو ملے گی جو صاحبِ زر ہیں
22	قاتلِ شہر کہ ہمدوشِ مسیحا لکھوں
23	پتھر تھا موم بن کے پگھلنے لگا ہوں میں
24	نقاب رخ سے اٹھاؤ بڑی اداس ہے رات

۲۵	غزل کے جسم پہ ابہام کا لبادہ ملا
۲۶	وحشتِ دستِ جنوں وسعتِ صحرا مانگے
۲۷	اطلس و کمخواب بنتی تھیں جو پیاری انگلیاں
۲۸	دستِ بوجہل پہ بیعت نہیں ہوگی مجھ سے
۲۹	بھانپ جائے گا عدو گھر کے نہ باہر لکھئے
۳۰	جب حادثاتِ دہر سے گھبر جاؤ گے میاں
۳۱	آب حیواں کی جگہ دیتے ہیں زہر اب مجھے
۳۲	بحر بھی موج بھی روانی بھی

پیش لفظ

از: ڈاکٹر سید عبد الباری سابق صدر شعبۂ اردو
گنپت سہائے پی۔جی۔کالج، سلطان پور (یوپی)

نیاز سلطان پوری سے اب تک میں ایک نوجوان محقق اور نثر نگار کی حیثیت سے متعارف تھا اور ان کے تحقیقی مقالہ کے سلسلے میں انکی رہنمائی کے دوران مجھے یہ دیکھ کر خوشی ہوتی تھی کہ وہ پیچیدہ اور بھاری بھر کم موضوعات کا حق نہایت خوش اسلوبی سے ادا کرتے ہیں اور ایک خوش آہنگ اور رواں نثر لکھنے کی صلاحیت رکھتے ہیں اور انکے متعدد مطبوعہ مقالات کی وجہ سے اردو دنیا ان کے علمی وقار اور سلیقہ سے بات کہنے پر ان کی قدرت کی قائل ہو چکی ہے۔ لیکن اب وہ اپنا مجموعۂ کلام "آفتابِ تازہ" لے کر افقِ شاعری پر جلوہ گر ہو رہے ہیں جسے دیکھ کر مجھے حیرت ہوں کہ ان کو خدا نے مملکت شاعری میں بھی عمل دخل عطا کیا ہے اور انکی قوتِ اختراع اور اہلیت نے یہاں بھی طرح طرح کے گل کھلائے ہیں۔

اس شعری مجموعہ کا آغاز قرآنِ حکیم کی ایک آیت سے ہوتا ہے جس میں ہدایت کی گئی ہے کہ کلام بلیغ کے ذریعہ ایک صاحبِ نظر کو اپنی بات دوسروں کے سامنے رکھنی چاہئے، یہی انبیاء ورسل کا طریقہ کار رہا ہے اور پھر ان کے نقشِ قدم پر گامزن ہونے والوں نے بھی یہی اسلوب اختیار کیا ہے۔ بلاغت کی تشریح و تعبیر میں صفحات کے صفحات سیاہ کئے جا چکے ہیں، اموی و عباسی عہد کے بے شمار عرب فصحاء و بلغاء نے اس ایک لفظ کی ہزاروں تشریحیں کی ہیں لیکن بات یہیں آکر ٹھہرتی ہے کہ "از دل ریزد بر دل خیزد" ہی کلام بلیغ کا بنیادی وصف ہے۔ نیاز سلطانپوری نے کلام کے اس بنیادی وصف کو ملحوظ رکھا ہے۔

اس مجموعہ کا آغاز حمد سے ہوتا ہے پھر نعت سرورِ کائنات ﷺ انھوں نے حفیظ جالندھری اور علامہ اقبال کی مشہور نعتوں کی زمین میں لکھی ہے اور خوب لکھی ہے ؎

تیرا خیال، تیری یاد، روحِ روانِ زندگی
تیری طلب بہر نفس عالمِ شش جہات میں

اس مجموعہ کی ابتدائی نظموں کا عنوان وہ عالی مرتبت شخصیتیں بنی ہیں جنھوں نے گزشتہ صدیوں میں اپنے فکر و عمل کے گہرے

نقوش مرتب کیے یعنی سر سیدؔ و اقبالؔ پھر اپنی نظم "اہر من" میں کائنات کے اندر کار فرما تخریبی قوتوں کے محور کی علامت کے طور پر یاد کی جانے والی طاقت کے فتنوں کو بے نقاب کرتے ہیں ؎

جمعیتِ آدم فنا میں نے کیا ہے
ہر ایک قبیلہ کو خدا میں نے دیا ہے

"جشنِ آزادی" اور "جشنِ جمہوریت" انکی حب الوطنی کی غماز ہیں اور وطن کے لئے انکی نیک خواہشات کا پر تو نظر آتا ہے۔ اگر جمہوریت کی صورت ہندوستان میں جس طرح مسخ ہوئی ہے اس سے اس طرز حکمرانی پر عوام کا اعتماد دھیرے دھیرے ختم ہو تا جاتا ہے ان کی نظم معریٰ "اہالیانِ وطن کے نام" میں ساحرؔ لدھیانوی اور علی سردارؔ جعفری کا تیور نظر آتا ہے۔ نیازؔ کی دلکش نظم "اردو" مادری زبان سے ان کے غیر معمولی عشق کی غماز ہے۔ سچ لکھتے ہیں ؎

دوستی کا سبق سکھاتی ہے
دل سے بر دشمنی مٹاتی ہے
شمع انسانیت جلاتی ہے
گیت امن واماں کا گاتی ہے
کتنی پیاری زبان ہے اردو

شاعر نے زندگی کے نشیب و فراز کو نہایت پامردی سے طے کیا ہے اور زندگی کے دشوار گزار مراحل سے بھی حوصلہ مندی اور تحمل کے ساتھ گزرا ہے اس کا اندازہ اس کی نظم "مزدور" سے ہوتا ہے جس میں ایک جفاکش کے پسینے کی مہک موجود ہے۔ یہ نظم انھیں اردو کے ممتاز محنت کش شاعر احسان دانش کا ہم رتبہ بناتی ہے۔

دست قدرت کا تراشا ہوا پیکر ہوں میں
سیپیاں جس پہ کریں ناز وہ گوہر ہوں میں
فکر و احساس میں ڈوبا ہوا نشتر ہوں میں
سچ ہے رتبہ میں فرشتوں سے بھی بڑھ کر ہوں میں

اپنی نظم "پیٹ" کے ذریعہ وہ ترقی پسندوں کی ٹھیٹھ حقیقت نگاری کو پیچھے چھوڑ دیتے ہیں۔ زمین سے اتنے قریب اور عوام کے درد والم اور مسائل و مشکلات سے اس قدر آگاہ فنکار کم ملیں گے وہ سچ کہتے ہیں۔

پیٹ قانون کا آدرش کچل دیتا ہے
پیٹ ایماں کو توہم میں بدل دیتا ہے

اپنی کئی نظموں میں وہ ہماری اخلاقی اقدار کو نمایاں کرتے ہیں اور تہذیب کو پامال کرنے والی طاقتوں سے نبرد آزما ہونے کا مشورہ

دیتے ہیں۔

اپنی نظم "ندرتِ فکر و عمل" میں وہ بجا طور پر انسان کی قوتِ ایجاد اور معجزاتِ فکر و عمل کو خراجِ عقیدت پیش کرتے ہیں۔ اپنی نظم "قلم" میں وہ بزبان قلم لکھتے ہیں۔

ذکرِ یونان وارسطو ہے تو میرے دم سے
زینتِ بزمِ پلیٹو ہے تو میرے دم سے

نیاز کی بعض نظموں کی خوش آہنگی اور موسیقیت ہمارا دل موہ لیتی ہے۔ نغمۂ وطن کا یہ بند ملاحظہ ہو۔

اسی دیش کی مٹی سے ابھرے تھے میر و حالی
پدماوت کے ملک محمد میگھ دوت کے کالی
میرا اور کبیر یہیں کے تلسی اور رسکھان
یہ ہے میرا ہندوستان

نیاز اپنی دنیائے تغزل میں بھی خاصے البیلے اور دلکش نظر آتے ہیں اس مجموعہ کی غزلیں بھی فکر انگیز اور خوش آہنگ ہیں بلکہ کئی اعتبار سے ان کی غزلیں نظموں پر فائق محسوس ہوتی ہیں ان کے یہاں قدیم و جدید کلاسیکی و عصری دونوں لب و لہجہ موجود ہے وہ اس طرح کے

سجیلے اشعار لکھتے ہیں ۔

ابھی ست رو ہے قلم مرا، ابھی تشنہ لب ہے زباں مری
وہ شعورِ فن مجھے بخش دے جو ورق ورق کو نکھار دے
ابھی ابتدائے حیات ہے ابھی منزلیں ہیں دھواں دھواں
وہ نشانِ راہ بنا مجھے جو مسافروں کو قرار دے

وہ نغمہ خوانِ بادِ بہاری کدھر گئے
آشفتگانِ نرگسِ بیمار کیا ہوئے
جو منزلِ فنا سے بھی ہنس کر گزر گئے
وہ حق شناس و صاحبِ کردار کیا ہوئے

کیسے کیسے پھول سے چہرے زرد ہوئے
اب کے رت میں ہم بھی میؔر و دردؔ ہوئے

قید میں ہو جاتا ہے انساں اک جوئے کم آب نیازؔ
لفظوں کے پیکر کو توڑوں معنی کو آزاد کروں

وہ بزرگوں کی دعائیں وہ جوانوں کا ادب
وضع داری کے سبھی قصے پرانے ہو گئے

نت نئی خبریں ڈھلا کرتی ہیں روز وشب نیاز
گویا اخباری ادارے چائے خانے ہو گئے
دستِ بوجہل پہ بیعت نہیں ہوگی مجھ سے
یعنی توہینِ رسالت نہیں ہوگی مجھ سے

سچ ہے کہ نیاز نے اپنے اس مجموعۂ نظم و غزل کے ذریعہ نثر کی طرح شعر کی دنیا میں بھی اپنا اعتبار اور وقار قائم کر لیا ہے۔ مجھے یقین ہے کہ ان کی پیش رفت جادۂ سخن پر جاری رہے گی اور وہ اپنی منزلوں کی طرف قدم بڑھاتے رہیں گے۔

☆　☆　☆

بسم اللہ الرحمٰن الرحیم

حمدِ پاک

تو کبھی تو آ مرے روبرو تری شان جل جلالہ
ہو خلوصِ قلب سے گفتگو تری شان جل جلالہ

مرے دل میں تیری ہی آرزو مری چشم کو تری جستجو
مرے لب پہ تیری ہی گفتگو تری شان جل جلالہ

ترے آستاں پہ مری جبیں مری زندگی تری بندگی
مری کشتِ جاں میں ترا نمو تری شان جل جلالہ

یہ مری نظر کا کمال ہے کہ مآلِ فکر و خیال ہے
تجھے دیکھتا ہوں جو چار سو تری شان جل جلالہ

کبھی جیتے جی جو دکھا سکے نہ مریضِ عشق کو اک جھلک
بر حشر ہیں وہی روبرو تری شان جل جلالہ

جو اسیرِ زلفِ سیاہ تھا جسے گل رخوں سے نباہ تھا
ہے وہی نیازؔ فرشتہ خو، تری شان جل جلالہ

نحمدہ ونصلی علی رسولہ الکریم

نازشِ کون و مکاں

سلام اس پہ کہ جس کو مدعائے کن فکاں کہئے
سلام اس پہ کہ جس کو نازشِ کون و مکاں کہئے

سلام اس پر کہ ہر پستی کو بالا کر دیا جس نے
فضائے دہر میں ہر سو اجالا کر دیا جس نے

سلام اس پر جو مایوسی کو خاطر میں نہ لاتا تھا
ہزاروں زخم کھا کر بھی ہمیشہ مسکراتا تھا

سلام اس پر کہ قصرِ بربریت ڈھا دیا جس نے
فضا میں پرچمِ انسانیت لہرا دیا جس نے

سلام اس پر لقب جس کو ملا انسانِ کامل کا
کہ جس کے روئے زیبا سے ہوا فق چہرہ باطل کا

سلام اس پر کہ باطل کا کیا ہے سر نگوں جس نے
فلاحِ نوعِ انساں کے لئے چھوڑا سکوں جس نے

سلام اس پر کبھی چلتی نہ تھی جس پر فسوں کاری
سدا جس ذات پر سایہ فگن تھی رحمتِ باری

سلام اس ذات پر جس نے پلایا بادۂ مستی
بکھر جاتا وگرنہ بالیقیں شیرازۂ ہستی

عالمِ شش جہات میں

اے کہ ترے جمال کا عکس ہے کائنات میں
تیرے وجود کی جھلک بزمِ تصورات میں

تیرا ہی نور جلوہ گر میرے حصارِ ذات میں
تیرا ہی ذکرِ خیر ہے میری نگار شات میں

تیرا خیال، تیری یاد، روحِ روانِ زندگی
تیری طلب بہر نفس عالمِ شش جہات میں

تیرے ہی لطفِ خاص سے نور کی ندیاں رواں
باعثِ فخر تیری ذات عالمِ شش جہات میں

تیرے ہی فیض سے ملیں دونوں جہاں کی نعمتیں
تیرا کرم کہاں نہیں عالمِ ممکنات میں

ہوش بھی ہے کہ بڑھ گئیں شورشیں اہلِ کفر کی
شیخِ حرم الجھ گیا زلفِ توہمات میں

جس کی خودی خدا طلب ، جس کا جنوں خرد نواز
کیوں نہ وہ کامراں رہے عرصہ گہہ حیات میں

جس نے دیا تھا دہر کو میر حجاز ﷺ کا پیام
آج وہی ہے منقسم نسل میں اور ذات میں

اہلِ حرم کی داستاں مجھ سے نہ پوچھئے نیازؔ
کفر بھی خندہ زن ملا بزمِ الٰہیات میں

حضرتِ عیسیٰؑ مسیح

کوئی کیا سمجھے گا تیرا کیا مرتبہ عیسیٰ مسیح
خود خدا نے جب کہا روحِ خدا عیسیٰ مسیح

گامزن راہِ وفا پر تھا سدا عیسیٰ مسیح
پاسدارِ صبر و استقلال تھا عیسیٰ مسیح

جان کے دشمن بنے تھے اپنے بیگانے مگر
پھر بھی لایا تو نہ لب پر بددعا عیسیٰ مسیح

تھا وجودِ پاک تیرا عالمِ ظلمات میں
درحقیقت ایک شمعِ پر ضیاء عیسیٰ مسیح

قم باذن اللہ سے مردوں کو زندہ کردیا
یہ ترا ادنیٰ سا ہے اک معجزہ عیسیٰ مسیح

کوئی دیکھے تیری قدر و منزلت کی انتہا
تیرا قرآں میں لقب روحِ خدا عیسیٰ مسیح

کیوں نہ پھر دنیا کہے تجھ کو مسیحائے زماں
جب مریضوں کو ملی تجھ سے شفا عیسیٰ مسیح

کس قدر اللہ کی تجھ پر عطائے خاص تھی
خوانِ نعمت عرش سے نازل ہوا عیسیٰ مسیح

تو نے گہوارے میں ہر الزام کی تردید کی
کوئی دیکھے تیری شانِ مرتبہ عیسیٰ مسیح

ایک نیاؔز بے نوا پر ہی نہیں موقوف کچھ
سارا عالم ہے تیرا مدحت سرا عیسیٰ مسیح

شمعِ فروزاں

السلام اے کشورِ صبر ورضا کے تاجدار
السلام اے رازدارِ ہستیٔ ناپائیدار

ہے شبِ تاریک میں شمعِ فروزاں تیری ذات
ہے تجلّی سے تیری روشن فضائے کائنات

کس طرح مصلوب کر سکتے ؟ تجھے اہل دول
حامی و ناصر ترا جب تھا خدائے لم یزل

سایہ افگن جس پہ تھی ہر وقت چشمِ کردگار
نورچشمِ ابنِ مریم صاحبِ عالی وقار

پاک دامانی کی تونے اس طرح تائید کی
یعنی گہوارے میں ہر الزام کی تردید کی

اللہ اللہ ہو گیا تیرا گزر جس راہ سے
کتنے مردے جی اٹھے ہیں قم باذن اللہ سے

تیرے اوصافِ حمیدہ کا نہیں کوئی شمار
صاحبِ خلق و مروت اے سراپا انکسار

ظالموں نے کیا اذیت تھی جو پہنچائی نہیں
پائے استقلال میں لغزش ترے آئی نہیں

گھٹ کے آخر رہ گئی دم میں صدائے اہرمن
گونج اٹھے نغمۂ توحید سے دشت و دمن

درشان حضرت علی کرم اللہ وجہہ رضی اللہ تعالی عنہ

اے علی المرتضیٰ تیری شجاعت کو سلام
تیرے ذوق بندگی تیری عبادت کو سلام

ہے مسلط گرچہ اک دنیا پہ جمہوری نظام
ہورہا ہے ہر جگہ جمہوریت کا قتل عام

مغربی تہذیب کا ہے بول بالا چار سو
مشرقی دنیا میں ہے پھیلا اندھیرا چار سو

مکر و عیاری میں ہیں سرگرم اقوامِ یہود
پڑگیا ہے ایک خطرے میں مسلماں کا وجود

عالمِ اسلام پہ مدت سے طاری ہے جمود
ساز اس کا بے نوا ہے نغمہ اس کا بے سرود

امن کے پردے میں یہ ظلم و تشدد کب تلک
کب تلک وجہِ تبسم ہوگی غنچے کی چٹک

خوں ٹپکتا ہے ہمارے دیدۂ نمناک سے
آہ اٹھتی ہے ہمارے قلبِ حسرت ناک سے

ترے سر پہ عبدیت کا جگمگاتا تاج ہے
ملتِ اسلامیہ کو تیری حاجت آج ہے

نظمیں

نذرِ سرسید

السلام اے قافلہ سالارِ قوم
السلام اے ہند کے معمارِ قوم
السلام اے نرگسِ بیمارِ قوم
السلام اے مونس و غم خوارِ قوم

السلام اے مخزنِ علم و ہنر
السلام اے سیدِ والا گہر

خوابِ غفلت سے جگایا قوم کو
راستہ سیدھا دکھایا قوم کو
موجِ طوفاں سے بچایا قوم کو
علم کا جویا بنایا قوم کو

تجھ پہ نازاں دہلیِ مرحوم ہے
داستانِ غم تری مرقوم ہے

یہ علی گڑھ کول جس کا نام تھا
علم و حکمت کا نہ تھا چرچا ذرا
تو نے کھولا ایک ایسا مدرسہ
نام جس سے قوم کا اونچا ہوا
حالیؔ و آزادؔ و شبلیؔ و نذیرؔ
تیری بزمِ علم و فن کے سب اسیر
محسنِ اردو زباں تیرا لقب
عزمِ پختہ سیدِ اعلیٰ نسب
تجھ پہ نازاں آج بھی اردو ادب
تو نے سکھلایا ہمیں جینے کا ڈھب
زندہ باد اے گوہرِ یکتائے قوم
زندہ باد اے دیدۂ بینائے قوم

اقبالؔ

السلام اے نازشِ ہندوستاں
السلام اے شاعرِ جادو بیاں
السلام اے محرمِ رازِ نہاں
السلام اے وارثِ پیغمبراں

السلام اے جانشینِ پیر رومؔ
السلام اے اے دیدۂ بینائے قومؔ

فخرِ مشرق، نورِ چشمِ ایشیا
روحِ مومن، شانِ محبوبِ خدا
باعثِ صد رشک ہے جلوہ ترا
ہے بڑی دلکش تری اک اک ادا

مختلف سب سے ترا انداز ہے
تجھ پہ اردو کو بھی کیا کیا ناز ہے

نطق کو تجھ سے ملا طرزِ بیاں
روح کو تڑپا گئی تیری فغاں
تو نے سلجھا کر خرد کی گتھیاں
آبرو رکھ لی جنوں کی بے گماں

ہے سراپا درد تیری شاعری
اک طرح کی یہ بھی ہے پیغمبری

خواب میں تھا محو سارا قافلہ
گم تھا تاریکی میں منزل کا پتا
جب سنائی دی تری بانگِ درا
کارواں پھر سوئے منزل چل پڑا

خود بخود منزل سمٹ کر آ گئی
خود رقص فرمانے لگی پھر زندگی

ہے بہت تو شیکسپیئر سے قریب
ہمسر غالبؔ تو گیٹے کا رقیب
میتھو و ٹیگور کا سچا حبیب
اتنی قدر و منزلت کس کو نصیب

ثبت ہے تاریخ پر تیرا دوام
باعثِ تقلید ہے تیرا کلام

شہرِ نو

آؤ کہ ایسا شہر بسائیں تہہ فلک

وہ شہر جس سے عیش بداماں ہو زندگی
وہ شہر جس سے روح کو حاصل ہو تازگی

وہ شہر جس میں جنگ کا نام ونشاں نہ ہو
فرقہ پرست ذہن کی حاجت جہاں نہ ہو

جو اٹھ کے ظلم وجور کا پنجہ مروڑ دے
دامانِ زندگی سے جو امرت نچوڑ دے

مذہب کی آڑ میں نہ کوئی ظلم کر سکے
نفرت کی آگ سے نہ کہیں کوئی گھر جلے

روٹی کے واسطے نہ جوانی بکے کوئی
بالائے بامِ حسن نہ مریم لٹے کوئی

جس کی لغت میں صرف محبت کا نام ہو
جس کے ادب میں مکر و سیاست حرام ہو

دولت کا زر گری کا جہاں دبدبہ نہ ہو
تفریقِ رنگ و نسل کا اک شائبہ نہ ہو

اولاد کے سبب نہ کوئی خودکشی کرے
فٹ پاتھ پر بسر نہ کوئی زندگی کرے

محنت کا مضحکہ نہ اڑائے جہاں کوئی
ننگا بدن ملے نہ کہیں کوئی آدمی

دولت کے آستاں پہ نہ انسان جھک سکے
زر پاش ڈالروں پہ نہ ایمان بک سکے

ہونٹوں پہ زندگی کے تبسم ہو موجزن
آنکھوں میں صبحِ نو کی مچلتی ہوئی کرن

وہ شہر زخمِ دل کا مداوا کہیں جسے
وہ شہر عصرِ نو کا تقاضا کہیں جسے

اہرمن

دیرینہ مخالف ہوں رہِ مصطفویؐ کا
ہوں ہمدم و دمساز بہت بولہبی کا

بکھرے ہوئے انسان کو مذہب نے ملایا
مذہب سے بغاوت کا چلن میں نے سکھایا

انسان گروہوں میں بٹا میری بدولت
اخلاص کے مرکز سے ہٹا میری بدولت

میں نے ہی سیاست کو نیا موڑ دیا ہے
آئین وضوابط کا فسوں توڑدیا ہے

کچھ سہل نہیں مجھ کو زمانے سے مٹانا
جب تک کہ بدل جائے نہ یک لخت زمانہ

ہے کوئی جو ہستی کو مری بڑھ کے مٹائے
پل بھر تو ذرا مجھ سے کوئی آنکھ ملائے

تخریب کا بانی ہوں تو تعمیر کا منکر
بربادی کے سامان مری ذات میں مضمر

ہر معرکۂ سود وزیاں میری بدولت
ہر گام پہ اٹھتا ہے دھواں میری بدولت

مائل بہ ستم چرخِ کہن میری بدولت
ہے آگ کی لپٹوں میں وطن میری بدولت

تقسیمِ وطن میں بھی مرا ہاتھ رہا ہے
باپو کی شہادت کا کفن میں نے سیا ہے

آدابِ محبت کا سبق جس نے سکھایا
"بیگانۂ محفل ہے" اسے میں نے بتایا

مجھ ہی سے تو پاتی ہے غذا فرقہ پرستی
صد چاک مری ذات سے پیراہنِ ہستی

جمعیتِ آدم کو فنا میں کیا ہے
ہر ایک قبیلہ کو خدا میں نے دیا ہے

رنگین ہے دامانِ سیاست تو مجھی سے
محفوظ ہیں اربابِ حکومت تو مجھی سے

جشنِ آزادی

وہ ماہ و سال میں لپٹتا ہوا اگست آیا
حیات کا کوئی پیغامِ جاں فزا لایا
بچھا ہوا ہے ہر اک سمت نور کا سایا
پلٹ کے رکھ دیا تاریک رات کی کایا
ہر اک راہ تجلی سے جگمگاتی ہے
کہ آبِ زر سے عروسِ چمن نہاتی ہے
اگست نہرو و گاندھی کے خواب کی تعبیر
اگست خونِ شہیداں کی آخری تصویر
اگست کاٹنے والا غلامی کی زنجیر
اگست ہی سے ہے وابستہ قوم کی تقدیر
فقط یہی نہیں بھارت کی آبرو ہے اگست
ظفر کی حیدر و ٹیپو کی آرزو ہے اگست

اگست مادرِ ہندوستاں کی دھڑکن ہے
جسے گلے سے لگائیں وہ پاک دامن ہے
اگست لکشمی بائی کی شوخ چتون ہے
اگست ہی تو تابندہ آج کن کن ہے

ملا اگست سے تاریخ کو نیا اک موڑ
جسے دیا تھا کبھی کاروانِ ہند نے چھوڑ

اگست پنجۂ باطل مروڑنے والا
اگست طلسمِ ظلمات توڑنے والا
اگست رشتۂ الفت کو جوڑنے والا
اگست دامنِ عصیاں نچوڑنے والا

اگست ہی کی بدولت ہیں شاد کام سبھی
ہیں دیکھ پڑتے اسی کے اسیرِ دام سبھی

مناؤ جشنِ چراغاں جلاؤ گھی کے دیے
بڑھے چلو سوئے منزل بلند عزم کیے
ہے اذنِ عام ہر اک رندِ میکدہ کے لیے
شرابِ عیش و مسرت بقدرِ ظرف پیے
نہ تیرگی کا ہے شبہ نہ رات کا کھٹکا
لگا ہے چار طرف نورِ صبح کا پہرا
ہر ایک راہ گزر مثل کہکشاں ہو جائے
زمیں کو اتنا اٹھاؤ کہ آسماں ہو جائے
نقیبِ امن کے دشمن کا منہ دھواں ہو جائے
نئے سرے سے مکمل یہ داستاں ہو جائے
مٹا دو سارے وطن سے وجوہِ بربادی
ہر اک بشر کو ہوں حاصل حقوقِ آزادی

جشنِ جمہوریت

مناؤ جشن کہ چھبیس جنوری آئی
تھے انتظار میں جس کے وہ جل پری آئی
نظامِ کہنہ میں پر زور تھر تھری آئی
ہمارے کام بزرگوں کی رہبری آئی

نیا زمانہ نئی صبح ہے نئی باتیں
نہ بہاز باز ہے کوئی نہ دل میں ہیں گھاتیں

زمیں سے تابہ فلک روشنی کا پھیرا ہے
شعاعِ مہر کا ہر چار سمت گھیرا ہے
لباسِ نور میں لپٹا ہوا سویرا ہے
نظر سے دور بہت ظلمتوں کا ڈیرا ہے

قدم قدم سے نظر سے نظر ملا کے چلو
ہے زندگی کا تقاضا کہ سر اٹھا کے چلو

بڑھو بڑھو کہ وطن کا وقار تم سے ہے
خزاں رسیدہ چمن میں بہار تم سے ہے
یہ گنگناتا ہوا آبشار تم سے ہے
وطن کی خاک پہ یہ لالہ زار تم سے ہے
تمھیں وطن کے محافظ تمہیں وطن کے خطیب
تمھیں سلام مرا امن و آشتی کے نقیب

دیار ہند کو جنت نشاں بنا ڈالو
اس ارض پاک کو دار الاماں بنا ڈالو
نئی زمین نیا آسماں بنا ڈالو
ہے اختیار تمہیں بے گماں بناڈالو
زمانہ تم سے لے خود صلح و آشتی کا سبق
ہو جائے دورِ جہالت کا پھر تو چہرہ فق

اہالیانِ وطن کے نام

یہ خوں جو سڑکوں پہ بہہ رہا ہے
یہ خوں جو گلیوں میں بہہ چکا ہے
یہ خوں جو ایوان میں بہے گا
یہی تو ہے ارتقاء کا ضامن
اسی سے ہے گلستاں کی زینت
اسی سے ہونٹوں پہ مسکراہٹ
اسی سے رنگینئی محبت
اسی سے نقش و نگارِ عالم
یہ خوں جو کل تک نقیب تھا امن و آشتی کا
اسے سیاسی مقامروں نے
زبان و تہذیب اور عقیدہ کا رنگ دے کر
بشر کو اک دوسرے کا قاتل بنا دیا ہے
دلوں میں نفرت کا اک سمندر ابل رہا ہے
ہر آستیں میں بشر کی خنجر چھپا ہوا ہے

یہ خوں جو سڑکوں پہ بہہ رہا ہے
اسے حفاظت کے ساتھ رکھو
بلا سبب مت اسے بہاؤ
جو کل تمھیں خون کی ضرورت در آئے گی تو
ہر ایک در پر صدائیں دو گے
تمھاری آواز سننے والا کوئی نہ ہوگا
مکاں تو ہوں گے، مکیں نہ ہوں گے
تمھیں تب اپنی حماقتوں کا پتہ چلے گا
یہ خوں جو سڑکوں پہ بہہ رہا ہے
سہاگ ہے یہ عروسِ نو کا
یہ لاج ہے ماں کی مامتا کی
چراغ ہے یہ اندھیرے گھر کا
اسے بہا کر اجاڑ گلشن کو مت بناؤ
اسے حفاظت کے ساتھ رکھو
کہ یہ علامت ہے زندگی کی

اردو

عقل کی پاسبان ہے اردو
قلب کی ترجمان ہے اردو
ہند کی آن بان ہے اردو
رتبے میں آسمان ہے اردو
کتنی پیاری زبان ہے اردو

میرؔ کی سادگی ، ظفرؔ کا پیام
روحِ اقبالؔ لرزہ بر اندام
غالبؔ و ذوقؔ کا حسیں پیغام
جوشؔ کا بانکپن جگرؔ کا کلام
کتنی پیاری زبان ہے اردو

اس کی اک اک ادا نرالی ہے

دیکھنے میں تو بھولی بھالی ہے

پیکرِ جنتِ خیالی ہے

زیست اس کی بڑی مثالی ہے

کتنی پیاری زبان ہے اردو

صوفیوں نے اسے کھلایا ہے

دودھ سکھوں نے بھی پلایا ہے

مسلموں نے اسے سجایا ہے

ہندوؤں نے گلے لگایا ہے

کتنی پیاری زبان ہے اردو

اس کی آنکھوں میں روشنی جھلکے
اس کی سانسوں سے زندگی مہکے
اس کی باتوں سے سادگی ٹپکے
اس کا رخسار چاند سا چمکے
کتنی پیاری زبان ہے اردو

پیار مچلے ہے اس کی باہوں میں
رقص منزل ہے اس کی راہوں میں
آگ بھر کے ہے اس کی آہوں میں
بجلیوں کی چمک نگاہوں میں
کتنی پیاری زبان ہے اردو

دوستی کا سبق سکھاتی ہے
دل سے ہر دشمنی مٹاتی ہے
شمعِ انسانیت جلاتی ہے
گیت امن واماں کا گاتی ہے
کتنی پیاری زبان ہے اردو

مزدور

گردشِ وقت کا مارا ہوا مزدور ہوں میں
کس قدر مفلس و نادار ہوں مجبور ہوں میں
گامزن عرصۂ ہستی میں بدستور ہوں میں
دیکھ تو میری طرف کس قدر رنجور ہوں میں
ظلم سہتا ہوں مگر آہ نہیں کر سکتا
یہ ہے وہ زخم جو تا حشر نہیں بھر سکتا

تن پہ کپڑا ہے نہ کھانے کا ہے کوئی ساماں
کفر بیزار ہے مجھ سے تو ہے نالاں ایماں
زیست مہنگی ہے بہت موت بہت ہے ارزاں
اپنی آنکھوں میں نظر آتی ہے دنیا ویراں
کچھ جو ملتا ہے تو غیروں کو کھلا دیتا ہوں
کس قدر سینہ شگافی کے مزے لیتا ہوں

دستِ قدرت کا تراشا ہوا پیکر ہوں میں
سیپیاں جس پہ کریں ناز وہ گوہر ہوں میں
فکر و احساس میں ڈوبا ہوا نشتر ہوں میں
سچ ہے رتبے میں فرشتوں سے بھی بڑھ کر ہوں میں

مدتوں کاتبِ تقدیر نے سوچا مجھ کو
تب کہیں پیکرِ خاکی میں ہے ڈھالا مجھ کو

یہ فصیلیں یہ مناریں یہ چمن کس سے ہیں
یہ گل و لالہ و نسرین و سمن کس سے ہیں
یہ ہری کھیتیاں یہ دشت و دمن کس سے ہیں
یہ بھری بزم یہ اربابِ سخن کس سے ہیں

ہر کوئی دہر میں شاداں ہے تو میرے دم سے
زندگی عیش بداماں ہے تو میرے دم سے

ہاں ذرا غور سے اے مالکِ سرمایہ سن
تیری خدمت میں بہت دور سے ہوں آیا سن
اک پیام ہند کے مزدور کا ہوں لایا سن
بس کوئی دم میں بدل جانے کو ہے کایا سن
پتلیاں چشمِ ستمگر کی ہیں پھرنے کے لیے
بجلیاں عرش پہ بیتاب ہیں گرنے کے لئے

تو نے مزدور کو مزدور سمجھ رکھا ہے
مفلس و بیکس و مجبور سمجھ رکھا ہے
دیکھ میں نے اسے منصور سمجھ رکھا ہے
ہٹلر و نادر و تیمور سمجھ رکھا ہے
خوابِ غفلت سے یہ جس وقت بھی اٹھ جائے گا
ایک شعلہ سا سرِ عرش نظر آئے گا

پیٹ

پیٹ اس نظم کا عنوانِ سخن ہے یارو
پیٹ ہی معرکۂ کام و دہن ہے یارو
پیٹ ہی جسم کا محبوب وطن ہے یارو
پیٹ کے دم ہی سے شاداب چمن ہے یارو

پیٹ ہوتا نہ تو دنیا میں نہ کچھ بھی ہوتا
روزِ اول ہی سے آدم کو نہ ہوتا رونا

پیٹ انسان کو انسان بنانے والا
عقلِ ناقص کو یہی راہ دکھانے والا
پیٹ ہی عشق کا طوفان اٹھانے والا
ہاں یہی جادۂ احساس جگانے والا

پیٹ خالی ہو تو دنیا کو جہنم کہئے
ورنہ اس خاک کو فردوسِ مجسم کہئے

پیٹ انسان کا گھر بار چھڑا دیتا ہے
پیٹ عصمت کو بھی بیوپار بنا دیتا ہے
پیٹ سرحد سے جوانوں کو ہٹا دیتا ہے
پیٹ ایمان کو ایندھن سا جلا دیتا ہے

پیٹ جب بھوک کی شدت سے بپھر جاتا ہے
چہرۂ حضرتِ انسان اتر جاتا ہے

باغ فردوس سے آدم کو ہٹایا کس نے
اور حوا پہ بھی الزام لگایا کس نے
ہر غلط کام زمانے کا کرایا کس نے
قصہ دہر کو رنگین بنایا کس نے

ہاں یہی پیٹ یہی پیٹ یہی پیٹ تو ہے
فطرتاً حضرتِ انسان کا پیرو جو ہے

پیٹ قانون کا آدرش کچل دیتا ہے
پیٹ ایماں کو توہم میں بدل دیتا ہے
ہاں یہی آتشِ پیکار اگل دیتا ہے
دامنِ صبر و تحمل کو مسل دیتا ہے

نفس ہے بر سرِ پیکار اسی کے دم سے
گرم ہے گرمیِ بازار اسی کے دم سے

دعا

خدا کرے کہ تجھے باوفا صنم مل جائے

ننھا ننھا سا ترے دل کا غنچہ کھل جائے

نئے سرے سے ترا چاک پیرہن سل جائے

تری جبینِ عقیدت کو آستاں مل جائے

خدا کرے کہ تجھے باوفا صنم مل جائے

خدا کرے کہ تری بامراد راتیں ہوں

خلوصِ دل سے تری روز باتیں ہوں

نہ سازباز ہو کوئی نہ دل میں گھاتیں ہوں

خدا کرے کہ تجھے باوفا صنم مل جائے

ترے لبوں پہ تھرکتا رہے مدھر نغمہ

درونِ چشم مچلتا رہے حسیں سپنا

مری طرح سے نبھا تو بھی پیار کا رشتہ

خدا کرے کہ تجھے باوفا صنم مل جائے

سیاہ زلف تری خوشبوؤں سے بھر جائے

یہ خدو خال ترا اور بھی سنور جائے

ترے قدم کے تلے کہکشاں بکھر جائے

خدا کرے کہ تجھے باوفا صنم مل جائے

تجھے کسی کی رفاقت ابھی ملی ہی نہیں
ترے امید کی شاید کلی کھلی ہی نہیں
جو چاک چاک قبا ہے ابھی سلی ہی نہیں
خدا کرے کہ تجھے باوفا صنم مل جائے

کسی صنم کی رفاقت تجھے میسر ہو
خلوص و عشق کی دولت تجھے میسر ہو
نیازؔ و راز کی حرمت تجھے میسر ہو

خدا کرے کہ تجھے باوفا صنم مل جائے

شبِ فراق شبِ وصل میں بدل جائے

اداسیوں کی جمی برف یہ پگھل جائے

ترے لبوں پہ تبسم مچل مچل جائے

خدا کرے کہ تجھے باوفا صنم مل جائے

نفرت

جسے کہتے ہیں نفرت ہے بہت بدنام دنیا میں
اسی کی ذات سے کتنے مچے کہرام دنیا میں

یہ نفرت آدمی سے آدمیت چھین لیتی ہے
محبت چھین لیتی ہے مروت چھین لیتی ہے

یہ نفرت دوستوں کے ساتھ غداری سکھاتی ہے
یہی تو دشمنوں کا ساتھ دے کر مسکراتی ہے

اسی کی ذات سے کتنے ستم ایجاد ہوتے ہیں
مسلماں خود مسلماں کے لیے جلاد ہوتے ہیں

یہی تو حضرت آدم کو جنت سے ہٹاتی ہے
یہی تو حضرت عیسیٰ کو سولی پر چڑھاتی ہے

یہی نفرت حسنؓ کو زہر کا پیالہ پلاتی ہے
یہی تو حضرتِ ٹیپو کو گولی سے اڑاتی ہے

یہی تو دشمنوں کا ساتھ دے کر رنگ لاتی ہے
یہی تو قوم کو زنجیر لعنت کی پہناتی ہے
یہی تو گلشنِ آلِ نبی ﷺ کا خون کرتی ہے
حسین ابنِ علی المرتضیٰ کا خون کرتی ہے

یہی نفرت بھڑک جاتی ہے جب لوگوں کے سینوں میں
عداوت کا ثمر بن کر ابھر آتی ہے قوموں میں

یہی نفرت بھڑک جاتی ہے جس دم نوجوانوں میں
بھڑک اٹھتا ہے اک شعلہ بغاوت کا فضاؤں میں

اگر یہ نفرت و فرقہ پرستی تم نہ چھوڑو گے
تو اک دن کشتیٔ ملت یقیناً لے کے ڈوبو گے

مرثیۂ نیّر

(سید توکل حسین نیّر سلطان پوری، بانی و مدیر ماہنامہ شمع ادب سلطان پور)

چھا گئی پردۂ افلاک پہ ظلمت کی گھٹا
گرد آلود ہوا ذہن کا گوشہ گوشہ
ایک نشتر سا میرے سینۂ بسمل پہ لگا
دیکھتے دیکھتے دامانِ جگر چاک ہوا

ناز تھا جس پہ ادب کو وہ سخن ور نہ رہا
چرخِ اردو پہ جو روشن تھا وہ نیّر نہ رہا

عمر بھر گیسوئے اردو کو سنوارا جس نے
خال و خط لیلیٔ ہستی کا نکھار جس نے
شبِ دیجور سے سورج کو ابھارا جس نے
خدمتِ خلق میں ہر لمحہ گزارا جس نے

حیف وہ قلزمِ ہستی کا شناور نہ رہا
مرکزِ علم و ادب، خلق کا پیکر نہ رہا

جس کے کردار میں تھی فکر و عمل کی مستی
جس کی گفتار میں ڈھلتی تھی شرابِ ہستی
جس کے انفاس سے تھی گرم وفا کی بستی
جس کی تخئیل میں ملتی نہ تھی کوئی پستی

جس نے ذروں کو ستاروں کی ضیاء بخشی تھی
جس نے کانٹوں کو بھی پھولوں کی قبا بخشی تھی

نطق کو ناز تھا جس پر وہ لبِ گوہر بار
نیک دل، نیک نفس، نیک چلن، خوش اطوار
خوش مزاجی میں جو یکتا تھا تو اعلیٰ کردار
شہرِ مجروحؔ کا ہر پیر وجواں اس پہ نثار

محرمِ رازِ نہاں اس کے جنابِ شاداںؔ
مخمورؔ و عیشؔ و سمیعؔ اس کے سخن پر نازاں

غم سے لبریز دلوں کا تھا سہارا نیرؔ
حلقۂ اہلِ سخن ور میں تھا پیارا نیرؔ
خلق و ایثار کا پیکر تھا ہمارا نیرؔ
جانبِ ملکِ عدم حیف سدھارا نیرؔ

کس کو رودادِ غمِ عشق سنائیں ہم لوگ
رہبرِ قافلۂ شوق بنائیں ہم لوگ

ندرتِ فکر و عمل

ندرتِ فکر و عمل کیا ہے؟ کلیدِ انقلاب
ندرتِ فکر و عمل سے ریگ زاروں میں گلاب

ندرتِ فکر و عمل سے تیرہ شب میں ماہتاب
ذرۂ ناچیز بن جاتا ہے رشکِ آفتاب

ندرتِ فکروعمل سے کارخانوں کا وجود
ندرتِ فکر و عمل سے داستانِ ہست و بود

ندرتِ فکروعمل سے خونِ دہقاں برق پاش
سنگ ریزوں سے نکلتی ہے صدائے دلخراش

ندرت فکر و عمل سے آسمانوں کا سفر
ندرتِ فکر وعمل سے عرشِ اعظم پر بشر

ندرتِ فکر وعمل سے چاک پھولوں کی قبا
ندرتِ فکر وعمل سے بلبلِ رنگیں نوا

ندرتِ فکر و عمل سے خیمہ زن فصلِ بہار
نونہالانِ چمن کے زرد چہروں پر نکھار

ندرتِ فکر و عمل سے آدمیت کا وقار
ندرتِ فکر و عمل سے شاہدِ معنی شکار

ندرتِ فکر و عمل سے حافظؔ صہبا گداز
ندرتِ فکر و عمل سے رومیؔ دانائے راز

ندرتِ فکروعمل سے مردہ دل میں اضطراب
اضطراب دائمی کیا ہے، کلیدِ انقلاب

ندرتِ فکروعمل سے لطف ہائے چرخِ پیر
ندرتِ فکر و عمل سے طغرلؔ و سنجرؔ اسیر

ندرتِ فکر و عمل سے تاجؔ کا حسنِ جمیل
ندرتِ فکر و عمل سے رودہائے گنگؔ و نیلؔ

ندرتِ فکر و عمل سے روشنی ظلمات میں
ذرۂ خاکی چمکتا ہے اندھیری رات میں

ندرتِ فکر و عمل سے صیدِ موسیٰؑ رودِ نیل
ندرتِ فکر و عمل سے جوہر تیغِ اصیل

ندرتِ فکر و عمل سے خِضر و موسیٰؑ ہم نشیں
ندرتِ فکر و عمل سے منضبط آئین ودیں

ندرتِ فکر و عمل سے خونِ دہقاں لالہ زار
ندرتِ فکر و عمل سے گل بداماں کوہسار

ندرتِ فکر و عمل سے بندہ رب سے ہمکلام
ندرتِ فکر و عمل سے زندگانی کا پیام

ندرتِ فکر و عمل سے ارتقائے زندگی
ندرتِ فکر و عمل ہے منہتائے بندگی

قلم

میں قلم ہوں ہے زمانے میں حکومت میری
چاند تاروں سے بھی کچھ دور ہے شہرت میری
نوعِ انساں کو ازل سے ہے ضرورت میری
سچ تو یہ ہے کہ فرشتوں نے کی عزت میری

قلبِ گیتی میں جو پنہاں ہے وہی راز ہوں میں
میری تعظیم کرو وقت کی آواز ہوں میں

میری رفتار کو ایک برقِ تجلی کہیے
میری گفتار میں تلوار کی تیزی کہیے
میرے احساس میں فولاد کی سختی کہیے
میرے افکار کو اک دفترِ معنی کہیے

بحث و تکرار پہ جس وقت اتر آتا ہوں
دیکھتے دیکھتے طوفاں اٹھا دیتا ہوں

صدق دل سے مری جس قوم نے عزت کی ہے
میں نے دولت اسے بخشی ہے امامت دی ہے
مطلق الحکم شہنشاہوں سے ٹکر لی ہے
حرفِ حق کے لئے صہبائے شہادت پی ہے

ذکرِ یونانؔ و ارسطوؔ ہے تو میرے دم سے
زینتِ بزمِ پلیٹوؔ ہے تو میرے دم سے

ملٹنؔ و شیکسپئرؔ ، خسروؔ و میرؔ و سعدیؔ
مومنؔ و غالبؔ و اقبالؔ و نظیرؔ و حالیؔ
جامیؔ و رومیؔ و خیامؔ و فراقؔ و فیضیؔ
تلسیؔ و نازشؔ و ٹیگورؔ و ولیؔ و شبلیؔ

میرے ہی گیسوئے پرخم کے خریدار سبھی
میرے ہی ابروئے خمدار کے بیمار سبھی

شاعرِ گمنام

میں کہ شاعر مرے اشعار بکا کرتے ہیں
چند سکوں کے عوض چند نوالوں کے لیے
کتنے ہی لعل و گہر شعر کی زینت بن کر
صبح تا شام سرِ عام لٹا کرتے ہیں

مفلسی ہے کہ نہیں چھوڑتی پیچھا میرا
ایک راحت ہے کہ رہتی ہے گریزاں مجھ سے
پھر بھی جینے کی تمنا میں مرا جاتا ہوں
صورتِ شمع دمِ صبح بجھا جاتا ہوں

صفحۂ دہر پہ وہ حرفِ غلط ہوں اے دوست
باعثِ ننگ ہے خود میرے لیے میرا وجود
میری صحبت سے الگ رہتا ہے سایہ میرا
دور ہے حضرتِ موسیٰ سے بہت قومِ یہود

زندگانی مجھے اس موڑ پہ لے آئی ہے
لاکھ چاہوں تو کسی حال پہ اب جی نہ سکوں

ہیں بٹھائے گئے ہر نوکِ زباں پر پہرے
زہر کے گھونٹ بھی چاہوں تو کبھی پی نہ سکوں

آہ! کیوں مر نہ گیا تائبِ دنیا ہوکر
کم سے کم فکرِ غمِ دہر سے فرصت ملتی
بھوک اور پیاس کی پڑتی نہ ضرورت مجھ کو
زندگی یوں ہی سسکتی نہ بلکتی اپنی

روز امید کا اک مہر طلوع ہوتا ہے
روز ہر آرزوئے شوق مچل جاتی ہے
روشنی ہے کہ اندھیرے میں بدل جاتی ہے
صبحِ امید شبِ خون میں ڈھل جاتی ہے

جانے کتنے ہی یہاں فکر و سخن کے تاجر
میری تخلیق مرے فن کی اگا کر بولی
اپنے مخصوص ترنم کا سہارا لے کر
خوب بزمِ ادب و شعر پہ چھا جاتے ہیں
اور میں غار میں گمنامی کے کھو جاتا ہوں

میں کہ شاعر.........

بادۂ مشرق

ہماری تہذیب کی گلابی

حکیمِ یوناں کے میکدے میں چھلک چکی ہے

ہمارے اقبال کا ستارا

عظیم تر ایشیا کے سر پر چمک چکا ہے

ہماری روحانیت کا ڈنکا

وسیع یورپ میں بج چکا ہے

ہماری عظمت کی داستانیں ہیں مصر و یوناں کو یاد اب تک

ہمارے فنِ مصوری کو تمام عالم

خراجِ تحسین دے چکا ہے

ہمارے ویروں کے حوصلوں کی

شریر و سرکش فلک بھی تعریف کر چکا ہے

ہمارے میٹھے رسیلے آموں سے

مصر کے بازار پٹ چکے ہیں

ہماری دھرتی

جنابِ آدم کے پاؤں کا بوسہ لے چکی ہے
مسیح کے بول سن چکی ہے
ہماری عظمت کے نقش پورب میں جا کے دیکھو
ملیشیا کی زمیں سے پوچھو
ہماری دھرتی کی سوندھی خوشبو رسولِ عربی ﷺ کو بھا چکی ہے
خراجِ تحسین پا چکی ہے
ہمارے سر سبز کھیت روزِ ازل سے گوہر لٹا رہے ہیں
وطن کی زینت بڑھا رہے ہیں
ملیں ہماری
قصیدہ محنت کا پڑھ رہی ہیں
ہمارے پنگھٹ پہ برجباشی کشن کی آنکھیں گلی ہوئی ہیں
ہمارے باغوں کی بھینی خوشبو فضا میں تحلیل ہو رہی ہے
ادب ہمارا

ہمالیہ کی حدوں سے آگے نکل گیا ہے
ہمارا آکاش وشودھت کا ترانہ جگا رہا ہے
ہماری دھرتی پوتر دھرتی
ہماری آب وہوا صحت زا
ہمارا ساگر امرت ساگر
ہماری ندیاں
عظیم ندیاں

نغمہَ وطن

اتر جانب کوہ ہمالہ جس کی اونچی شان

پورب میں آسام منرورم پچھم راجستھان

دکھن میں رامیشور اپنا تیرتھ راج مہان

یہ ہے میرا ہندوستان

اسی دیش میں گنگا جمنا امرت جن کا پانی

کاشمیر کی سندر گھاٹی کہتی امر کہانی

تاج محل کی سندرتا پر موہت ہر انسان

یہ ہے میرا ہندوستان

شبد کیرتن سے روز و شب گرودواروں کی زینت

پریم اخوت کی گرجا گھر دیتے سب کو دعوت

مندر میں رامائن گونجے مسجد میں قرآن

یہ ہے میرا ہندوستان

جلیا نوالہ باغ یہیں پر جس کی امر کہانی
جھانسی والی لکشمی بائی خوب لڑی مردانی
ٹیپو اور سراج الدولہ ہوئے یہیں قربان

یہ ہے میرا ہندوستان

اسی دیش کی مٹی سے ابھرے تھے میرؔ و حالیؔ
پدماوت کے ملکؔ محمد میگھ دوت کے کالیؔ
میراؔ اور کبیرؔ یہیں کے تلسیؔ اور رسکھانؔ

یہ ہے میرا ہندوستان

موت العالِم موتُ العالَم

(حضرت مولانا علی میاںؒ ندوی صاحب کی پہلی برسی پر)

یہ کس کے غم میں لہولہو آسماں ہوا ہے؟
زمیں کے سینے سے آ رہی ہے صدائے غمگیں
کراہتے ہیں پہاڑ سرکش
درخت سر کو جھکائے ساکت کھڑے ہوئے ہیں
کلیدِ کعبہ کا وہ نگہباں
علی میاں تھا خطاب جس کا
جہانِ تقویٰ میں جس کا سکہ رواں دواں تھا
فقیہہ ایسا
کہ جس کے در پہ کھڑے تھے سلطاں بھی دست بدستہ
وہ عبقری شخصیت

کہ جس پر ہے اہلِ دانش کو فخر زیبا

اسی کی فکر و نظر سے یارو اندھیری شب میں چراغ روشن

اسی کے دولت کدے سے لاکھوں غریب غرباء نیاز پاتے

کتاب و سنّت کا وہ مبلّغ

جہانِ شعر و ادب کا سلطاں

وہ جس کی اک اک ادا پہ قرباں تھا ہر مسلماں

وہ عصرِ حاضر کا عالِم بے بدل تھا یعنی

لبِ مبارک سے رولتا تھا ذرِ معانی

وہ اک ستارہ جو چرغِ علم و عمل پہ تھا جلوہ بار کل تک

زمیں کے آغوش میں وہی آج ہو گیا محوِ استراحت

برس رہی ہے لحد پہ اس کی خدا کی رحمت

سلام اس پر۔۔۔۔۔

سلام اس پر۔۔۔۔۔

☆☆☆

احمد جمال پاشا کے نام

تمہارے سانحۂ ارتحال کو سنکر
دل و دماغ پہ چھایا ہے غم کا ابرِ سیاہ
ہیں اشک آنکھوں سے جاری
بہ شکلِ گنگ و جمن
سکوت مہر بہ لب
اور ذہن ہے مفلوج
رقم کرے جو قلم داستاں تو خوں اُبلے
دھواں دھواں
نظر آتا ہے تا حدِ امکاں
ہوں جیسے ڈوبے ہوئے بحرِ غم میں کون و مکاں
بجھی بجھی سی ہے بزمِ نشاطِ کیف و طرب
اداس اداس ہے کتنا جہانِ علم و ادب
تمہارے بعد جو پیدا ہوا جہاں میں خلاء
بہت محال ہے اے دوست اس کا پر ہونا

حادثہ

ابھی تو میں اس گلی سے گزرا تھا

اور دیکھا تھا اک خوشی کا منظر

ہر ایک چہرے پہ تازگی تھی

فضا میں تحلیل نغمگی تھی

ہوا کے کاندھے پہ قہقہوں کی سجی تھی ڈولی

مہک رہی تھی ہر ایک بولی

سجا تھا ہر آنکھ کے جزیرے میں اِک سنہرا سپنا

رواں دواں تھا ہر ایک جانب خوشی کا دریا

مسرتوں قہقہوں سے آباد تھی یہ دنیا

جہانِ فردا کا گوشہ گوشہ چمک رہا تھا

ہر ایک جادہ مہک رہا تھا

مگر یہ کیا دیکھتی ہیں آنکھیں

ہر ایک جانب غموں کا سایا

ہر ایک جادہ دھواں دھواں سا

ہر ایک چہرہ ملول و مضطر

ہر ایک غنچہ بجھا بجھا سا

زمین تا عرش ایک آہ و فغاں کا عالم

چہار جانب کریہہ منظر

O

موسمِ خزاں

آسماں مغموم و ساکت

نخل سارے بے لباس

گلستاں میں چار جانب اڑ رہی ہے دھول سی

جا چکی ہے روٹھ کر بادِ نسیم

اب کہیں نغمہ سرائی کی نہیں آتی صدا

شاخِ گل بیمار

مرغانِ چمن افسردہ دِل

★★★

غزلیں

○

ہم اپنے زہد و تقویٰ کی تشہیر نہیں کرتے بابا
جو مومن ہیں ان کی ناحق تکفیر نہیں کرتے بابا

ایماں و یقیں کی شمع لئے طوفان میں کشتی کھیتے ہیں
دریا کے کنارے بیٹھ کے ہم تقریر نہیں کرتے بابا

ہم صرف عمل کے بندے ہیں جو کہتے ہیں سو کرتے ہیں
خوابوں کے سہارے جیون کی تعبیر نہیں کرتے بابا

وہ کالا ہو یا گورا ہو وہ ادنی ہو یا اعلیٰ ہو
انسان کے ہاتھوں انساں کی تحقیر نہیں کرتے بابا

ہم ملکِ سخن کے شہری ہیں ہم سے ہے وقارِ علم و ہنر
شہرت کے لئے کالی نظمیں تحریر نہیں کرتے بابا

O

جو زمیں کا درد عطا کیا تو سمندروں کا قرار دے
مرے زخم پر وہ نمک چھڑک جو مری حیات سنوار دے

ابھی سست رو ہے قلم مرا ابھی تشنہ لب ہے زباں مری
وہ شعورِ فن مجھے بخش دے جو ورق ورق کو نکھار دے

ابھی ابتدائے حیات ہے ابھی منزلیں ہیں دھواں دھواں
وہ نشانِ راہ بنا مجھے جو مسافروں کو قرار دے

جو کسی جگہ نہ ٹھہر سکے جسے صرف چلنے سے ہو غرض
مرے پائے دشت نورد کو وہ مزاجِ گردو غبار دے

یہ اسی کا عشوہ و ناز ہے جو بنائے رازو نیاز ہے
وہی شامِ غم کو سحر کرے وہی عاشقوں کو قرار دے

اسی آرزو اسی جستجو میں حیات میری گزر گئی
کوئی رات چاند کی پالکی مرے غم کدے میں اتار دے

جو مزہ ہے کلفتِ ہجر میں وہ کہاں وصال میں اے نیازؔ
جو طلب کروں کبھی پھول کی تو ہمیشہ تحفۂ خار دے

O

وہ نقدِ جان اور وہ بازار کیا ہوئے
اے شہرِ میر تیرے خریدار کیا ہوئے

یارانِ کجکلاہ کی صحبت کہاں گئی
بالائے بام ابروئے خمدار کیا ہوئے

وہ نغمہ خوانِ بادِ بہاری کدھر گئے
آشفتگانِ نرگسِ بیمار کیا ہوئے

وہ سبز انقلاب کا موسم کہاں گیا
وہ آسماں پہ ابرِ گہر بار کیا ہوئے

نادار و بے کسوں کے محافظ کدھر گئے
راہِ طلب میں حق کے پرستار کیا ہوئے

خائف تھے جن کے نام سے خاقانِ وقت بھی
وہ خرقہ پوش صاحبِ اسرار کیا ہوئے

وہ علم و آگہی کے محافظ کدھر گئے
ظلمت کدے میں نور کے مینار کیا ہوئے

جو منزلِ فنا سے بھی ہنس کر گزر گئے
وہ حق شناس و صاحبِ کردار کیا ہوئے

آساں تھا جن کے دم سے کڑی دھوپ کا سفر
وہ شاہراہِ زیست کے اشجار کیا ہوئے

جو تھے ہمارے شہر کی پہچان اے نیازؔ
وہ صاحبانِ جبّہ و دستار کیا ہوئے

○

کیسے کیسے پھول سے چہرے زرد ہوئے
اب کے رت میں ہم بھی میرؔ و دردؔ ہوئے

جن ہاتھوں میں جام و سبو تھے ٹوٹ گئے
جشنِ طرب کے سارے سپنے گرد ہوئے

جن سے میخواروں کی راتیں روشن تھیں
برکھا رت میں وہ میخانے سرد ہوئے

سب کی نظروں میں کانٹا سا چبھتے ہیں
ناحق یار و علم و ہنر میں فرد ہوئے

اذنِ وفا اس وقت نیازؔ ملا ہم کو
جب جینے کے سارے ارماں سرد ہوئے

O

لحظہ لحظہ خانہ ٔ دل کو زخموں سے آباد کروں
کس کس کو مجرم ٹھہراؤں کس کس سے فریاد کروں

اک اک کر کے سارے رشتے میرے اسکے ٹوٹ گئے
اس پر بھی دل کی یہ ضد ہے پیہم اس کو یاد کروں

جس سے نامِ محبت چمکے اور وقارِ عشق بڑھے
شہرِ وفا میں کم سے کم اک ایسی رسم ایجاد کروں

شاعرؔ کا معیارِ ادب جب پہنچا بے عنوانی تک
فکر و نظر کو میں بھی بدلوں لفظوں کو آزاد کروں

قید میں ہو جاتا ہے انساں اک جوئے کم آب نیاز
لفظوں کے پیکر کو توڑوں ، معنی کو آزاد کروں

O

کہیں تو کس سے کہیں حرفِ مدعا دل کا
یہاں کوئی بھی نہیں درد آشنا دل کا

فرازِ دار و رسن ہو کہ دشتِ کرب و بلا
ہر اک مقام سے گزرا ہے قافلہ دل کا

اسی کی یاد سے میرا وجود روشن ہے
اسی کے نام سے ملتا ہے سلسلہ دل کا

اسی کی زلفِ گرہ گیر کا اسیر ہوں میں
اسی کے ہاتھ میں یارو ہے فیصلہ دل کا

کبھی تو خود سے الجھنا کبھی مظاہر سے
یہی رہا ہے ازل ہی سے مشغلہ دل کا

تمام حرف حکایت، تمام لفظ کتاب
عیاں عیاں ہے غزل سے مشاہدہ دل کا

یہیں کہیں پہ گری تھی نیازؔ برقِ تپاں
یہیں کہیں پہ ہوا خاک قافلہ دل کا

O

جس بات کا خدشہ تھا وہی بات ہوئی نا
اس بار سمندر ہی پہ برسات ہوئی نا

جلتے ہوئے سورج سے گلے کون ملے گا
اس موم سی گڑیا سے عجب بات ہوئی نا

جس موڑ پہ بچھڑے تھے نہ ملنے کے لیے ہم
اس موڑ پہ پھر آج ملاقات ہوئی نا

اس شوخ ستم کوش کی اس درجہ عنایت
دستورِ محبت میں عجب بات ہوئی نا

پھر آج اسی جانِ بہاراں کا چھڑا ذکر
پھر آہِ شرربار کی برسات ہوئی نا

پھر کوچہ جاناں کی طرف لے کے چلا دل
پھر سنگِ ملامت سے مدارات ہوئی نا

پھر دل سے مٹی گبر و مسلماں کی کدورت
پھر شیخ و برہمن میں ملاقات ہوئی نا

پھر اس کے تصور سے منور ہے دل وجاں
پھر دور تلک نور کی برسات ہوئی نا

تنہائی میں کس طرح گزرتے ہیں شب و روز
پوچھوں گا خضرؑ سے جو ملاقات ہوئی نا

O

کچھ اس طرح ڈسا مجھے قسمت کے سانپ نے
کوڑی کے بھاؤ بیچ دیا مجھ کو باپ نے

پھر بحرِ منجمد میں پگھلنے لگی ہے برف
پھر باخبر کیا ترے قدموں کی چاپ نے

ہم کشتگانِ عشق کا یہ بھی ہے معجزہ
دریا بہادیے ہیں کئی ، اک وِلاپ نے

لوہے کی پتلیوں کو تھرکنا سکھادیا
اعجاز وہ کیا ہے زمانے میں بھاپ نے

اس پیار اس خلوص کے قربان جائیے
جس پیار جس خلوص سے دیکھا ہے آپ نے

دیکھا ہے اپنی آنکھ سے ہم نے یہ معجزہ
زندہ کیا مریض کو قرآں کے جاپ نے

میدانِ کارزار سے نکلا جو فتح یاب
اس کو شہید کردیا ڈھولک کی تھاپ نے

سدھارتھؔ تو نہیں ہیں مگر اے نیازؔ ہم
نکلے ہیں گھر سے دکھ کی چتاؤں کو تاپنے

O

پھیلا ہوا ہے عشق کا آزار ان دنوں
ہر مرد و زن ہے شہر میں بیمار ان دنوں

ہر موڑ ہر قدم پہ حسینوں کا ازدحام
"دلی بنا ہے مصر کا بازار ان دنوں"

حالاتِ حاضرہ سے جو رہنا ہے باخبر
زیرِ مطالعہ رہے اخبار ان دنوں

پاؤ کہیں سراغ تو مجھ کو بھی دو خبر
عنقا ہوئے ہیں صاحبِ کردار ان دنوں

دیر و حرم کی خیر منائیں اب اہلِ دیں
عزت مآب ہیں سبھی میخوار ان دنوں

سر پیٹتا ہے دیکھ کے شیطان بھی جسے
ایسا ہے آنجناب کا کردار ان دنوں

ہر بام و در سے خونِ شہیداں ہے آشکار
مقتل بنا ہے کوچۂ دلدار ان دنوں

رخ سے ہٹے نقاب تو کچھ اصلیت کھلے
ہر ایک آدمی ہے اداکار ان دنوں

دہکا ہوا ہے آتشِ گل سے چمن نیاز
اس سمت جائیے نہ خبردار ان دنوں

O

وہی دور سازشوں کا وہی آن بان شاہی
جو سحر ہوئی بھی تو کیا وہی ہم وہی سیاہی

تجھے کیا خبر زمانہ نئی چال چل گیا ہے
کہیں تجھ کو لے نہ ڈوبے یہ مزاجِ خانقاہی

اک عجیب کشمکش میں ابھی مبتلا ہیں دونوں
ترا حسنِ عشق پرور، مرا عشق خودنگاہی

ترا راستہ جدا ہے، مرا راستہ جدا ہے
میں سفیرِ صبحِ نو کا، تو دیارِ شب کا راہی

مجھے کیا سمجھ سکے گی یہ فریب خوردہ دنیا
یہی بوریہ نشینی مرا تاج و تختِ شاہی

ترے آستاں سے اٹھ کر میں چلا تو جاؤں لیکن
مرے بعد کون آئے گا برائے داد خواہی

ترے شہر بے اماں میں ہو گزر میرا کہاں سے
نہ طریق بادشاہی نہ مزاجِ خانقاہی

یہ الگ معاملہ کہ نہ جگا سکا چمن کو
بر عرش ورنہ گونجی مری آہِ صبح گاہی

وہی آنسوؤں کا موسم وہی ہجر کا زمانہ
مرے لب پہ گونجتا ہے وہی پیار کا ترانہ

جسے علم و فن سے الفت، بے ریا ہو جس کی سیرت
وہی صاحبِ کرامت، وہی حاکمِ زمانہ

یہ اڑی اڑی سی زلفیں یہ جھکی جھکی نگاہیں
سرِ بزم کہہ رہی ہیں شبِ وصل کا فسانہ

یہ رکا رکا سا ساگر یہ بجھا بجھا سا منظر
کوئی زخم تازہ تازہ اے حوادثِ زمانہ

مرے ذہن و دل میں آؤ مری روح میں سماؤ
مرے من کو گدگداؤ بطریقِ دوستانہ

مرے عہد کے فقیہوں کی عجیب داستاں ہے
بہ زباں خدا پرستی ، بہ عمل منافقانہ

اے نیاز تجھ کو سر پہ نہ بٹھائے کیوں یہ دنیا
تری روح فکر پرور ترا طرز عارفانہ

O

کب زخم مرے دل پر نہ لگا کب آنکھ مری پرنم نہ ہوئی
اے جانِ وفا تیری چاہت پھر بھی دل سے کچھ کم نہ ہوئی

جس سر میں ترا سودا نہ ہوا اس سر کی کوئی قیمت ہی نہیں
اس آنکھ کی قسمت پھوٹ گئی جو نقش گرِ شبنم نہ ہوئی

اپنی ہی نظر کی لغزش سے دیدار ترا ہم کر نہ سکے
کب رخ سے ترے پردہ نہ ہٹا کب زلف تری برہم نہ ہوئی

اک سمت تھی تیروں کی بارش اک سمت چمکتی تلواریں
اس کرب وبلا کے عالم میں آواز مری مدھم نہ ہوئی

اربابِ جنوں کی فطرت کو اربابِ سلاسل کیا جانیں
چنگیز وہلاکو کے آگے بھی اپنی گردن خم نہ ہوئی

آئے تھے قلم کے سوداگر زر دار بھی اہلِ مسند بھی
صد شکر ترا احساسِ خودی ، قیمت اپنی کچھ کم نہ ہوئی

کی لاکھ بجھانے کی کوشش طوفانِ حوادث نے لیکن
جو خونِ جگر سے روشن ہے اس شمع کی لو مدھم نہ ہوئی

O

دل دادگانِ شہرِ ستمگر ہمیں تو ہیں
پڑتے ہیں جس پہ روز ہی پتھر ہمیں تو ہیں

مشتاق جس کی دید کے خضرِ خجستہ پا
دیتا ہے باج جس کو سکندر ہمیں تو ہیں

شعلہ رخوں میں کس کے لہو کی ترنگ ہے
مہکے ہے کس سے زلفِ معنبر ہمیں تو ہیں

پل بھر بھی جس کو راس نہ آئی تمام عمر
سینے میں جس کے ہے دلِ مضطر ہمیں تو ہیں

بارِ الم جہاں کا اٹھائے ہوئے ہے کون
پیتا ہے کون زہر کا ساغر ہمیں تو ہیں

راہوں میں کس کی خار بچھائے گئے سدا
ثابت قدم رہا جو برابر ہمیں تو ہیں

وہ کون آندھیوں میں جلاتا رہا چراغ
وہ عزم وہ خلوص کا پیکر ہمیں تو ہیں

نیزے پہ کس کے سر کو اٹھایا گیا نیازؔ
راہِ وفا میں کس کا لٹا گھر ہمیں تو ہیں

O

دوست دشمن ہوگئے اپنے بیگانے ہوگئے
وقت بدلا ،خون کے رشتے پرانے ہوگئے

بھائیوں کے بیچ کس نے بو دیئے نفرت کے بیج
کشت وخوں کے کھیل میں شامل گھرانے ہوگئے

مدرسوں میں سیکھتے ہیں آئینہ سازی کا فن
کس قدر اس عہد کے بچے سیانے ہوگئے

وہ بزرگوں کی دعائیں وہ جوانوں کا ادب
وضع داری کے سبھی قصے پرانے ہوگئے

لوگ ان میں سیکھتے ہیں جرم سازی کے ہنر
مجرموں کی درسگاہیں قید خانے ہوگئے

اب کوئی آبادیوں کی سمت رخ کرتا نہیں
جھیل کے اس پار سب طائر سیانے ہوگئے

نت نئی خبریں ڈھلا کرتی ہیں روز وشب نیاؔز
گویا اخباری ادارے چائے خانے ہوگئے

O

یادوں کی تری جس دم چلنے لگی پروائی
پیغامِ جنوں دے کر رخصت ہوئی تنہائی

ہم زندہ دلوں نے کی یوں غم کی پذیرائی
جب چوٹ لگی دل پر ہونٹوں پہ ہنسی آئی

نے محفلِ یاراں ہے، نے انجمن آرائی
اک دل ہے سو آزردہ ، لذت کشِ تنہائی

ہم عشق کے ماروں کی تقدیر یہی ٹھہری
یا گوشۂ تنہائی یا لذتِ رسوائی

اس قریۂ جاں سے بھی ہم کب کے گزر جاتے
ہوتی نہ اگر مونس اس بت کی مسیحائی

ہم خاک نشینوں کا اعجاز یہ کیا کم ہے
اس در کی سکندر بھی کرتا ہے جبیں سائی

اربابِ خرد ہی اب بتلائیں نیازؔ اتنا
کیوں آنکھ میں چبھتی ہے اس عہد کی دانائی

نہ مدرسہ میں نہ صوفی کی خانقاہ میں ہے
مزہ حیات کا مردانِ حُر کی راہ میں ہے

عذابِ دانشِ حاضر نہیں تو پھر کیا ہے
فرنگ کشمکشِ رنگ و نسل و جاہ میں ہے

ترا علاج حکیمِ معاش کیا جانے
ترا علاج فقط ضربِ لاالٰہ میں ہے

یہ مہر و ماہ و کواکب نہیں مری منزل
جہانِ تازہ بہ تازہ مری نگاہ میں ہے

نگاہ ہو بھی چکی ہمکنار جلووں سے
خرد ہنوز گزر گاہِ اشتباہ میں ہے

نہ مال و زر کی تمنا نہ موت کا کھٹکا
عجب طرح کا مزہ اہلِ حق کی راہ میں ہے

نہ ماسکو نہ جنیوا سے واسطہ مجھ کو
نیازؔ ارضِ مقدس مری نگاہ میں ہے

O

پہلے تو اتنی بھیڑ کبھی تھی نہ شہر میں
تھا شور و غل کا نام و نشاں بھی نہ شہر میں

طوفانِ تند و تیز سے تو بچ گئے ہیں لوگ
آجائے کوئی اور تباہی نہ شہر میں

سب تیز رو میں اپنی بہے جا رہے ہیں لوگ
سنتا ہے یاں کوئی بھی کسی کی نہ شہر میں

ہو قوتِ خرید تو قیمت لگائیے
اتنی گراں تو جنسِ وفا تھی نہ شہر میں

اب تو ہر ایک گام پہ ہے انتظار صبح
یوں تیرگیٔ وقت کبھی تھی نہ شہر میں

حیرت ہے جس نیاؔز کو ہم ڈھونڈتے رہے
اس کا ملا سراغ ونشاں بھی نہ شہر میں

O

سرمگیں آنکھوں کا پانی سر کی چادر لے گیا
کون عصمت زادیوں کو گھر سے باہر لے گیا

کاغذوں پر بن رہے تھے روز عالی شان ہند
موسمی سیلاب محلوں کو بہا کر لے گیا

کوئی گاہک ہی نہ نکلا زندگی کی بھیڑ میں
جنسِ جان و دل سرِ بازار اکثر لے گیا

درج تھے جس میں ہماری زندگی کے واقعات
رات الماری سے کوئی سارا دفتر لے گیا

کوئی سادہ لوح تھا وہ آدمی بھی اے نیازؔ
پتھروں کے روبرو شیشے کا لشکر لے گیا

O

یہی نہیں وہ مجھے خاک میں ملا دے گا
مرا ضمیر بھی نیلام پر چڑھا دے گا

میں خود ہی ٹوٹ چکا ہوں بد احتیاطی سے
زمانہ اس سے زیادہ شکست کیا دے گا

سنا رہے ہو اسے تم عبث فسانۂ غم
بہت کرے گا تو پل بھر وہ مسکرا دے گا

فرازِ کوہ پہ بیٹھو نہ مطمئن ہو کر
یہ سیلِ وقت تمھیں دور تک بہا دے گا

ملے جو وقت تو ساقیٔ میکدہ سے ملو
مجھے یقیں ہے فرشتہ تمھیں بنا دے گا

نیاؔز برگ و شجر کی برہنگی پہ نہ جا
انھیں بہار کا موسم نئی قبا دے گا

O

مئے نشاط کی پر لطف صحبتیں بھی گئیں
ڈھلی جو عمر، بہکنے کی عادتیں بھی گئیں

ہمارے شہر میں بجھتا نہ تھا کسی کا چراغ
یہ کیا ہوا کہ پرانی روایتیں بھی گئیں

زمیں کی طرح ستاروں کا درد جاگ اٹھا
بشر کے ساتھ خلاء میں اذیتیں بھی گئیں

جو مل گیا تری زلفِ دراز کا سایہ
جنم جنم کے سفر کی صعوبتیں بھی گئیں

نئی زمین نئے قافئے تلاش کرو
جہانِ شعر و ادب سے روایتیں بھی گئیں

وہی تو شہر میں اک داستان گو تھا نیازؔ
اسی کے ساتھ ہماری سماعتیں بھی گئیں

O

مدد انھیں کو ملے گی جو صاحبِ زر ہیں
ہمارے شہر کے حاتم بھی کتنے پتھر ہیں

نہ انتظار کا موسم نہ اختلاط کی رت
نجانے کس کے لیے وا دریچہ و در ہیں

عجیب رسم چلی ہے دیارِ خوباں میں
مرے ہی سر کے تعاقب میں سارے پتھر ہیں

حلاوتِ لبِ شیریں ، غرورِ حسن و ادا
ترے شہیدوں کو ازبر تمام تیور ہیں

جہاں جہاں بھی جلا ہے مرے لہو کا چراغ
ستیزہ کار وہیں ظلمتوں کے لشکر ہیں

پڑھا نہ ہم نے قصیدہ امیر زادوں کا
اسی لیے تو خفا ہم سے اہلِ دفتر ہیں

O

قاتلِ شہر کہ ہمدوشِ مسیحا لکھوں
اس بتِ ناز کو، بتلاؤ کوئی، کیا لکھوں

کون احسان اٹھائے قلم و لوح کا اب
صفحۂ وقت پہ مژگاں سے فسانہ لکھوں

اک گرانبار خموشی ہے ، نہ اثبات و نفی
نامۂ شوق بایں شکل اسے کیا لکھوں

اس ستم گار پہ کیا رّدِ عمل ہوتا ہے
کیوں نہ ہر خط میں اسے رشکِ مسیحا لکھوں

جس کا ہر نقش اجنؔتا کے مقابل ہو جائے
سینۂ سنگ پہ ایسا کوئی نغمہ لکھوں

وائے وارفتگیِ شوق کہ بعد از تحریر
نام اپنا جو لکھوں بھی تو اسی کا لکّھوں

اس کے دفتر کا مجھے علم نہ واقف گھر سے
نامۂ شوق لکھوں بھی تو پتہ کیا لکّھوں

O

پتھر تھا موم بن کے پگھلنے لگا ہوں میں
موسم کے ساتھ ساتھ بدلنے لگا ہوں میں

بیگانگیٔ وقت مجھے کیا رلائے گی
تنہائیوں کی گود میں پلنے لگا ہوں میں

یہ شدتِ جنوں ہے کہ معراجِ آگہی
تاریکیوں کے ساتھ بہلنے لگا ہوں میں

شاید میرے خمیر میں عنصر ہے آگ کا
پُروا ہوا کی آنچ سے جلنے لگا ہوں میں

پھر پردۂ دماغ پہ ابھرا کوئی نشان
پھر پیکرِ خیال میں ڈھلنے لگا ہوں میں

اب کون مجھ پہ تیغِ ستم آزمائے گا
ہر جنبشِ نظر پہ سنبھلنے لگا ہوں میں

وہ زخم دوستوں نے دیے ہیں مجھے نیازؔ
اک اک قدم پہ پھونک کے چلنے لگا ہوں میں

O

نقاب رخ سے اٹھاؤ ، بڑی اداس ہے رات
شرابِ دید پلاؤ ، بڑی اداس ہے رات

قدم قدم سے ملاؤ ، بڑی اداس ہے رات
نظر نظر سے پلاؤ ، بڑی اداس ہے رات

بجھی بجھی سی نظر آرہی ہے بزمِ حیات
چراغِ دل ہی جلاؤ ، بڑی اداس ہے رات

وفورِ شوق میں ساقی کا انتظار کہاں
سبو و جام اٹھاؤ ، بڑی اداس ہے رات

فضامیں گھل سی رہی ہے غضب کی تاریکی
سوادِ شام جگاؤ ، بڑی اداس ہے رات

یہ کس مقام پہ پہنچا دیا زمانے نے
ذرا ہمیں بھی بتاؤ، بڑی اداس ہے رات

یہ حسن و عشق کا جھگڑا کہاں تلک اے دوست
نگاہِ لطف اٹھاؤ، بڑی اداس ہے رات

خموش یوں ہی رہو گے نیازؔ تم کب تک
کوئی غزل ہی سناؤ، بڑی اداس ہے رات

O

غزل کے جسم پہ ابہام کا لبادہ ملا
بغور دیکھا تو ہر ایک لفظ سادہ ملا

یہ کس دیار کے باسی ہیں کیسے لوگ ہیں یہ
یہاں تو جو بھی ملا مجھ کو بدارادہ ملا

زباں شکر کی ، عزائم تمام فتنہ زا
تمھارے شہر میں کوئی نہ سیدھا سادہ ملا

ترے کرم کے سزا وار بادہ کش ہی نہیں
فقیہہِ شہر بھی کل رات غرقِ بادہ ملا

ہزار تیر چلے لاکھ آندھیاں آئیں
مری انا کا شجر پھر بھی ایستادہ ملا

طوافِ کوئے بتاں کو جو اہل دل نکلے
قدم قدم پہ نئے احترام، جادہ ملا

میں روزِ حشر کی سختی سے کس لئے ڈرتا
مرے گناہ سے اس کا کرم زیادہ ملا

کبھی نیاز سے ملئے نکال کر موقع
وہی تو شہر میں اک شخص سیدھا سادہ ملا

○

وحشتِ دست جنوں وسعتِ داماں مانگے
ذوقِ نظارہ ہر اک گام پہ طوفاں مانگے

ہم تو ساقی کی نگاہوں سے بھی پی لیتے ہیں
ہو جو کم ظرف وہی بادۂ عرفاں مانگے

پھر وہی ذوقِ تماشا ہے وہی رنگِ بہار
پھر وہی خنجرِ بیداد رگِ جاں مانگے

پھر وہی جوشِ جنوں ہے وہی نظارۂ شوق
پھر مقابل میں تجھے دیدۂ حیراں مانگے

پھر وہی تیشۂ فرہاد وہی کوہِ گراں
پھر وہی عزمِ جواں خسروِ دوراں مانگے

راس آیا ہے اسے جب سے بیاباں کا سفر
آبلہ پائے جنوں خارِ مغیلاں مانگے

جب سے اس شوخ پری وش سے ملی ہیں آنکھیں
رازداری کا صلہ کوچۂ جاناں مانگے

کیا قیامت ہے کہ گھرتے ہی گھٹاؤں کے نیازؔ
مئے فروشوں کا پتہ زاہدِ ناداں مانگے

O

اطلس و کمخواب بنتی تھیں جو پیاری انگلیاں
وقت کے ہاتھوں ہوئیں بے نور ساری انگلیاں

ہائے کس ظالم نے دے کر لقمۂ تر کا فریب
دونوں ہاتھوں کی ترشوالیں ہماری انگلیاں

سنگ ریزے پھول بن جاتے ہیں جن کے لمس سے
کاش ہم بھی دیکھتے چھوکر وہ پیاری انگلیاں

غم کے آنگن میں کوئی مہتاب اترا ہی نہیں
راہ تک کر سوگئیں آخر کنواری انگلیاں

زخم پر رکھئے تو مرہم ، منہ میں رکھئے تو شکر
کتنی راحت بخش ہیں جاناں تمھاری انگلیاں

ہاتھ سے سورج کو چھونے کی تمنا مت کرو
موم کا پیکر ہو گل جائیں گی ساری انگلیاں

تاج کا ثانی بنا تو دوں مگر ڈر ہے نیازؔ
کوئی خرم پھر نہ کٹوا دے ہماری انگلیاں

O

دستِ بو جہل پہ بیعت نہیں ہوگی مجھ سے
یعنی توہینِ رسالت نہیں ہوگی مجھ سے

کیوں ستائش پہ بضد ہیں یہ مصاحب زادے
قاتلِ شہر کی مدحت نہیں ہوگی مجھ سے

کیوں میرے ہاتھ میں قرطاس و قلم دیتے ہو
جھوٹ لکھنے کی حماقت نہیں ہو گی مجھ سے

خود پرستی کی بلندی سے اتر کر دیکھو
کون کہتا ہے رفاقت نہیں ہوگی مجھ سے

اس تجارت میں منافع ہی منافع ہے بہت
پھر بھی لاشوں کی تجارت نہیں ہو گی مجھ سے

ارضِ بھارت میرے اسلاف کا مسکن ہے نیازؔ
اس چمن زار سے ہجرت نہیں ہوگی مجھ سے

O

بھانپ جائے گا عدو گھر کے نہ باہر لکھئے
خط جو لکھنا ہی ضروری ہے تو اندر لکھئے

عشق پابندِ اشارات و کنایات نہیں
آپ کو مجھ سے محبت ہے تو کھل کر لکھئے

ایک فنکار کے مسلک میں ہے تقلید گناہ
روشِ عام سے لکھنا ہے تو ہٹ کر لکھئے

لوگ ہر لفظ کا مفہوم نکالیں گے نیا
غم کی روداد ذرا سوچ سمجھ کر لکھئے

ملتفت ہو کے رہے گا وہ کسی روز نیازؔ
دلِ بیمار کے حالات برابر لکھیے

O

جب حادثاتِ دہر سے گھبراؤ گے میاں
پھر سوچئے پناہ کہاں پاؤ گے میاں

کچھ دن گزار لو کسی صورت یہ زندگی
اک روز اپنے آپ ہی مر جاؤ گے میاں

جب تنگ تنگ گلیوں میں گھٹنے لگے گا دم
پھر شہر چھوڑ گاؤں میں آجاؤ گے میاں

ہیں اہلِ شہر لفظِ کرم ہی سے ناشناس
کس سے کرم کی بھیک یہاں پاؤ گے میاں

قاتل ہو گے آپ ہی اپنے وجود کے
آپس میں گر اسی طرح ٹکراؤ گے میاں

تم کو ملے گا جب نہ مسیحا نفس یہاں
دردِ جگر کو لے کے کہاں جاؤ گے میاں

لو حضرتِ نیازؔ بھی محفل سے اٹھ گئے
ایسا ادب نواز کہاں پاؤ گے میاں

آبِ حیواں کی جگہ دیتے ہیں زہر اب مجھے
دشمنِ جاں سے بھی بڑھ کر لگے احباب مجھے

زلفِ شب گوں کی مہک، غازۂ رخسار کی لو
روز و شب یوں ہی کیے رہتی ہیں بیتاب مجھے

مانعِ دشت نوردی نہ ہوئی رسمِ کہن
پا بہ گِل کر کے پشیماں ہوئے احباب مجھے

کس کی فرقت میں برستی ہیں مسلسل آنکھیں
کس کی چاہت نے کیا ماہیِ بے آب مجھے

کوئی منظر کوئی کردار ابھرتا ہی نہیں
کس جگہ چھوڑ کے رخصت ہوئے احباب مجھے

کل جہاں سنگِ ملامت کی ہوئی تھی بارش
" لے چلا آج وہیں پھر دلِ بیتاب مجھے"

یہ میری ماں کی دعاؤں کا اثر ہے شاید
جوہر اک گام پہ پاتے ہو ظفر یاب مجھے

زندگی جن کی کٹی دشت نوردی میں نیازؔ
اب سکھاتے ہیں وہی زیست کے آداب مجھے

O

بحر بھی موج بھی روانی بھی
ایک طوفان ہے جوانی بھی

ہم نے دیکھا ترا رخِ روشن
یہ حقیقت بھی ہے کہانی بھی

ان کا جانا وبالِ جاں ٹھہرا
آگئی مرگِ ناگہانی بھی

اس محبت کو کوئی کیا سمجھے
مہربانی بھی قہرمانی بھی

قتل کرتے ہیں وہ نگاہوں سے
کم نہیں ان کی بے زبانی بھی

بک گئے ہم تو ایک بوسے پر
اتنا سستا نہ ہوگا پانی بھی

ان گھنے گیسوؤں کے سائے میں
رقص کرتی ہے زندگانی بھی

بلبل و گل کا تذکرہ کب تک؟
اب یہ باتیں ہوئیں پرانی بھی

عشق کی بارگہ میں آتے ہی
سر جھکاتی ہے حکمرانی بھی

زندگی شعلہ زار رنج و محن
زندگی عیشِ جاودانی بھی

غالبؔ و میرؔ و مصحفیؔ معلوم
کم نہیں اے نیازؔ فانیؔ بھی

***